Christian Heidrich
Hunde des Himmels

Christian Heidrich

Hunde des Himmels

Gedichte

echter

Earth's crammed with heaven,
And every common bush afire with God;
But only he who sees, takes off his shoes,
The rest sit round it and pluck blackberries,
And daub their natural faces unaware
More and more from the first similitude.

Elizabeth Barrett Browning

Inhalt

7	Dieses verblüffende Privileg
8	Großer Cappuccino
10	Friday for Future
12	Der alte Priester wartet auf Pönitenten
14	Franziskaner im Bankenviertel
16	Pius XII., später
18	Der Kardinal schläft
20	Chemia 2
22	Die letzte Messe in der Hagia Sophia
23	Schlafes Bruder (DLF, 2 Uhr 21)
24	Dem geselligen Gott (nach Kurt Marti)
26	Pater Kyrill in Wacken
29	Heidelberger Epiphanien
30	Regen in Krakau (nach Tadeusz Różewicz, nach Adam Zagajewski)
32	Letzter Dorfkaplan liest „Tiere essen"
35	Regenbogen in Auschwitz (28. Mai 2006)
36	Beweise
38	Petrus an Paulus
41	Im Traum traf ich Maximilian Kolbe
42	Der Vorstadtpfarrer und die Fruchtbarkeit
45	Pius XI.: Semiten
46	Warschau, Siegesplatz, 2. Juni 1979
48	Warschau, Siegesplatz, 2. Juni 1979, zuvor
49	Die Übersetzer (nach Patrick Roth)
50	Max wird scheitern
52	Nachtportier
55	Halleluja. Polemische Verse

56	Hunde des Himmels
60	Die Seele des Thomas Morus
62	Die alten Wörter
65	Die Farben des Glaubens (Kleine Auswahl nach Jerzy Szymik)
66	Vater ist gestorben
69	Was hilft?
70	Kölner Domherr (Monolog im August)
73	Leseverstehen 2
74	Reise nach Jerusalem
76	Lineare Algebra
78	Jude sein
80	Narr und Priester
82	Selbstporträt vor Buchentleihe
84	Hinter jedem Staubkorn (Der Küster spricht)
86	Der Hüter
88	Der Homiletiker geht in Pension
90	Zölibat
92	Letzter Dorfkaplan liest Gottfried Benn
94	Die Seelen der Seelsorger
96	Paare, Passanten
98	Lyrisches Ich
100	Stachel im Fleisch
103	Verhökern den Glanz
105	**Hinweise**
111	**Dank**

Dieses verblüffende Privileg

Dieses verblüffende Privileg,
ein Bewohner der Zeit zu sein.
Free lunch, meinte ein Geistreicher,
einzig das Universum, ein *free lunch*.

Unsere Zeit teilen wir mit Genossen,
die zuvor auch nicht gefragt. Familie
Steinborn aus Halle, Freund Kai,
Gunter Demnig, Beate, Peter, Luise.

Kosmische WG? Leicht übertrieben,
wir sind Erdlinge, der Schwerkraft
vermählt, der Verdauung, der Schönheit.
Und sonst?

Den einen Bastarde und Auswurf,
den anderen heilig, Gottes Alter Ego.
Nackter Bescheid, kühne Metapher,
die Wahrheit wird nicht in der Mitte liegen.

So lasst uns klüger sein, Genossen,
behutsamer, heiterer, im Jetzt daheim.
Denn knapp unsere Zeit, ein Wirbel nur.
Im Zweifelsfall: Liebe!

Verblüffendes Privileg: an einer Rose
zu riechen, Rilke zu lesen und Blake,
zu bestaunen Rothkos Pflaumenblau,
zu trinken den Roten mit Freunden.

Die Zeit schwindet,
die Verblüffung wächst.

Großer Cappuccino

> Hauptbahnhof Wrocław, 2. März 2019
> Kaffeehaus Starbucks

Sie ist jung, hübsch, ihr blaues Gewand
lässt Rotes durchschimmern, am Gürtel
ein Rosenkranz. Ich lausche, *mea culpa*,
ihrer Bestellung, der kräftigen Stimme:
Großer Cappuccino zum Mitnehmen!
Sie wartet und blickt versonnen auf ihr
Smartphone, das vorgeblich mehr weiß
als die Bibliothek von Alexandria.
Mehr also als Euripides und Euklid,
als die Septuaginta und Zarathustra.

Die Schwester wischt, strahlt, ist der
Welt entrückt. Ich kann meinen Blick
von ihr nicht lösen, stelle mir vor,
sie strahlt, weil sie ein Gedicht von
Czesław Miłosz liest, von Ewa Lipska
oder von Ks. Twardowski.
Weil sie die Poesie von Psalm 84
umarmt oder die Nachricht,
dass Mutter Oberin ihren Antrag
auf ein Bibeljahr in Jerusalem
genehmigt hat.

Pia desideria!
Ein Narr bin ich, ein Fossil,
alles fließt, und die schwerste
Übung: nicht erstarren.
Als das Rad erfunden, ging

für die Alten die Welt unter.
Sokrates kannte Lehrer, die
sich vor Schülern fürchteten.
Kohelet warnte vor Bücherbergen.
Jetzt sind wir die Alten,
Hüter des Verflossenen.
Wie peinlich!

Ihr Cappuccino wird ausgerufen.
Die Schwester schultert die Tasche,
nimmt das Smartphone in die Linke,
das Getränk in die Rechte, bedankt
sich – und entschwebt. Ich bleibe
sitzen in dem Saal mit der hohen
Decke und der maurischen Anmutung
(verblüffend der neue, alte Bahnhof!),
lese zwei Verse von Jacek Cygan, die
bezweifeln, dass unsere letzte Straße
nach Rom führt, nippe an meinem
Doppio und hoffe, dass es doch
das Bibeljahr in Jerusalem war.

Friday for Future

Den Persern abgeschaut,
gut für Sklaven und Rebellen.
Für Römer ungeeignet.

Der jüdische Epikureer,
Pilger und Heiler,
ein Grenzfall.

Nicht bösartig, nein,
und doch ein Aufrührer.
Principiis obsta.

Zwei Verhöre,
kaum Zeugen (eventuell bestochen),
der Landpfleger winkte durch.

Ans Kreuz mit ihm, hurtig,
da Rüsttag. Die Soldaten,
Profis des Schmerzes.

Kurz bebte die Erde.

Im Osten also nichts Neues.
Warum denn auch?
Sengend die Sonne auch morgen.

Sabbat. Spielen. Schlafen.
Rare Vergnügen in dieser
götterverlassenen Provinz.

Später (genaues Datum unsicher)
hieß es, dass dieser Rüsttag
die Welt neu stimmte.

Das Ende der Dämonen,
der Opfer und Privilegien,
unserer Götter.

Wer glaubt, wird selig.
Eine Mär, sage ich,
wenn man mich fragt.

Nur manchmal läuft mir
ein Schauer über den Rücken,
wenn ich höre:

Friday for Future.

Der alte Priester wartet auf Pönitenten

Kirche im Koma.
Frech lugte der Titel am Morgen
aus dem Schaufenster. Untere
Hauptstraße, Dörpat & Nachf.,
ein Antiquariat. Das Werklein,
der Umschlag schon verblasst,
hofft auf die nächste Generation
der Krawallbrüder und Schwestern.
Will ihnen vom Zölibat erzählen,
von Kirchenvolk und Bischofswahl.
Dabei wird am Ende kein Amt
und kein Geschlecht etwas zählen.
Nicht schwarz noch weiß, nicht Jude
oder Grieche. Nicht einmal die Kunst
des zündenden Wortes. Die Liebe
vielmehr, die heilige, die Fußwaschung,
auch die Geduld und das Verzeihen.

Es zählt, was zählt, und manche werden staunen.

Der alte Priester wartet auf Pönitenten.
Auf die noch verbliebenen Hüter des Bewährten,
auf die Skrupulösen, die Verletzten und die
mit guten Vorsätzen. Es gibt keine hoffnungslosen
Fälle. Freilich, wer am Ende *Non serviam*
flüstert, dem geschehe sein Wille.
Man kann jetzt lesen, auch bei den Großen,
die Hölle sei leer. Das ist gut gemeint,
meine Brüder, und ehrt doch nur die Täter.
Die Hölle, das sind die Hartherzigen.

Die Pausen werden länger, das Brevier ist gebetet.
Der alte Priester denkt an die jungen Kapläne
und an seine Mutter. Die Kirche kann im Koma
nicht liegen. Der Herr hat es ihr versprochen.
Das Böse? Eine lächerliche Verwirrung, eine
Prätention, heiße Luft, die freilich brennt.
Ein Mann tritt ein. *Im Namen des Vaters
und des Sohnes und des Heiligen Geistes.*
Der alte Priester hört zu und weiß, wie die
Sätze enden. Schwach ist der Mensch
und furchtsam, ein Bettler.
Der Prediger aus Wittenberg, hier hatte er recht.
Wie aber konnte er nur die Werke verdammen?
Meine Kirche spricht von Elend und von Glanz.
Von Gnade und Arbeit, Arbeit und Gnade.
Ego te absolvo.

Franziskaner im Bankenviertel

Im Spiel mit den Türmen
seit langem die Verlierer.
Geldturm schlägt Kirchturm.
Gut so! Wer sind wir schon?

Schmuggler flüchtiger Worte,
kühnster Hoffnung. Dazu Kreuze,
Hostien, Gipsheilige. Ab und an
ein Skandal auf Weltniveau.

Einst stark im Drohen, von Dante
und Machiavelli lernten wir viel.
Seit 1870 unfehlbar die Päpste.
Komiker!

Was wir alles nicht können!
Nicht Wasser in Wein wandeln,
nicht stiften den Erdenfrieden,
nicht neidisch ausrufen lassen:

Seht, wie sie einander lieben!

Die anderen jung und sexy, gut
riechend (Lavendel). Champagner
für alle, von Gewinnmitnahmen ist
noch niemand arm geworden.

So baut man Türme! In Babel
fehlten wohl die exakten Pläne.
Hier verstehen sich polnische
Poliere, moldawische Maurer.

Wer aber ist ein Mensch?
Derivatehändler, pfeilschnell
nach Singapur, spürt zum
ersten Mal seine Prostata.

Die indische Ordensfrau
tröstet deutsche Greise.
Am Abend wird sie lange
mit ihrem Heiland sprechen.

Die Welt, ein Kuddelmuddel,
nur Schmerz und Tod wissen
nichts von Zyklen. Kein Handel
möglich, keine Leerverkäufe.

Wir, Francescos Brüder, sind mit
einem Fremden unterwegs. Wir
brechen das Brot, sprechen das Wort,
teilen unsere Wunden.

Pius XII., später

Später weiß man es besser.
Akeldamach.
Auf dem Blutacker summte Judas ein letztes Lied,
fragte sich, wo er den Nazarener zu hassen
begann. War es schon, als sie bei dem
Zöllner aßen? Der war krummbeinig, gierig,
und dann, plötzlich, dieses Leuchten.
Wer kann das aushalten?
Auch Petrus, Apostelfürst, schämte sich und
weinte, ahnte nicht, dass Ostern alle Schuld
durchkreuzt. Oder Paulus. Als ob die frühe
Missetat ihn antrieb, ein Schatten,
den man nie mehr loswird.
Bis nach Spanien wollte er, nur fort, wie Jona.
Der Unzeitige, so stellte er sich vor.

Felix culpa! Ich glaube, ich glaube
an die göttliche Vorsehung, an den Schrei
am Kreuz, an Ostern. Die Welt aber ist heidnisch,
sie liebt den Skandal und die Schlagzeile,
wirft den Löwen vor, was sie nicht verdaut.
Sie werden mich jagen, hassen, verachten.
Als ob ich das Unsagbare ersonnen, nicht
meine fleißigen Deutschen. Romantiker,
Meistersinger, Kants Schüler, Bachs Söhne,
Brünnhildes Schwestern.

Dass ich ein Pacelli bin? Das war einmal,
man schaue in die Archive. Auf uns setzten
Päpste und Nuntiaturen, der Vatikanstaat,
das Heilige Offizium und der *Osservatore*.
Jetzt – ein feiger Bauer auf Hitlers Schachbrett.

Diese Leute transzendierten jedes Jahrhundert,
sie schliefen nie, Nietzsche träumte von ihnen.
Ich aber machte mir nichts aus Epochen,
sub specie aeternitatis, wie Spinoza meinte.
Unparteilich wollte ich sein, alle Völker
ohne Ausnahme wollte ich lieben.

Später weiß man es besser.
Akeldamach.
Im eigenen Bett werde ich sterben,
die *Madre* wird in der Nähe sein.
Vielleicht werden mich die holländischen
Brüder heimsuchen, die so viel kühner waren
als ich. Nein, von *Suora Edith* werde ich träumen,
von ihren Cousins und Cousinen, Nichten und
Neffen, von den Buchdruckern und Ärzten
im Viehwagon.

Man wird mich hassen. Hitlers Papst
werde ich heißen. Kein Selbstmitleid,
nein, nur Trauer. Gottes eigenes Volk.
Was haben wir getan?

Der Kardinal schläft

Der Kardinal schläft.
Traumlos.

Zerronnen sind Gespräche und Dispute,
die Dezernenten, Buchreihen ohne Ende,
die Ordensschwestern aus Kroatien.
Zerronnen sind Finanzen, Unterschriften,
die Notiz zu Christi Himmelfahrt.
Zerronnen der Brief an den kranken Bruder,
der Vorsatz, sachte Sport zu treiben, dem
Fahrer abends frei zu geben, in der Altstadt
ein Weinhaus zu besuchen, weil Mai ist
und Spargelzeit. Zerronnen der fromme
Sekretär. Die Konferenz der Homiletiker,
die Werkausgabe auf Slowenisch. Zerronnen
Humanae Vitae, Gesslerhut geistlicher Karrieren.
Zerronnen das Theater mit dem zweifelnden
Dogmatiker, der trübe Nuntius, der immerfort
zu bedenken geben möchte.

Der Kardinal schläft traumlos.
Die robuste Seele wacht.

Wacht über die Güte und den Glauben,
die Zusammenhänge und das Amen.
Über Logik, Metaphysik und die
himmlische Erdung. Über Geduld
und Trauer. Über die Herzenswärme
und den Herzschlag. Wacht über das
Sublime, die Poesie, die Schönheit.
Über Metaphern und Stoßgebete,
das Brevier und die Streichquartette.

Über Litaneien und das Pianoforte.
Wacht über die Kraft zu widerstehen,
das Lachen und das Beichtgeheimnis.
Über die Maiandachten, die Trauer,
die Pläne, die nicht gelingen werden.

Die ersten Streifen des frischen Tages
berühren das Fenster.

Schlafe, Kardinal.
Eine Stunde noch.
Dann wirst Du wieder
beten, schreiben, reden.
Ringen mit Gott und Mensch,
reisen, staunen, lachen.

Winzig das Senfkorn,
sprach Dein Meister,
doch geht die Pflanze auf,
singen dort und nisten
alle Vögel des Himmels.

Schlafe noch ein wenig.
Deine Seele wacht.

Chemia 2

Im *Etno Café*, zwei Steinwürfe vom Bahnhof in
Wrocław, wird emsig mit Molekülen gehandelt.
Die blonde Schülerin, kunstvolle Löcher
in der Jeans, vor ihr ein frisch gepresster Saft,
ist ganz Elektron, Ethanol, Oxidationszahl.
Ihr gegenüber nickt eine dunkellockige
Schönheit willig mit dem Kopf, zählt
pflichtschuldig nach und weiß doch,
dass sie das Ganze *nicht wirklich* kapieren
wird (wichtiger ist ihr die Frage: Wird
es für Magister Dziuba reichen?).

Im *Etno Café* küssen sich zwei Mädchen.
Ein Asiate wechselt vom Laptop zu Smartphone
und zurück, rührt in dem milchigen Etwas, das man
tatsächlich *Kaffee* nennt. An der Theke schiebt
eine Bedienung ihrem Freund ein Stück
Karottenkuchen zu. Ich trinke einen annehmbaren
Sauvignon Blanc, der mir von der trockenen
Süße des Lebens erzählt. Die blonde Schülerin
hat den Saft immer noch nicht angerührt,
ihre Elevin nimmt einen dicken Band – *Chemia 2* –
aus dem Korb. Ist er seit dem letzten Mal
nicht noch schwerer geworden?

Im *Etno Café* wird das Gewicht der Welt taxiert.
Der alte Mendelejew verzaubert wie eh und je
blonde Schülerinnen, anderen beschert er
schlaflose Nächte. Die Liebe fällt, wo sie will.
Das asiatische Jahrhundert ist eingeläutet.
Es wird ein eisernes sein, die Gesichter sanft.
Die Bedienung kennt die Lücke im System,

ihr mürrischer Freund weiß noch nicht, was er an ihr hat. Ich sitze wie immer zwischen allen Stühlen, sehe meine gesammelten Examina vor mir, all die Magistri Dziuba, und bin sicher, dass bei der allerletzten Prüfung die Antwort nicht einmal in *Chemia 2* zu finden sein wird.

Die letzte Messe in der Hagia Sophia

> Später am Abend ritt der Kaiser selbst auf
> seiner Araberstute zur großen Kathedrale
> und machte seinen Frieden mit Gott.
> *Steven Runciman*

Noch einmal die Beichte ablegen.
Jedermann mitteilen, dass es die
Ungeduld war, der Kleinglaube.

Kyrie eleison!

Noch einmal Christi Leib empfangen.
Ein Stückchen Brot (vergessen das
Theologengezänk) zum ewigen Leben.

Christe eleison!

Noch einmal das Haupt beugen.
Gottgeweihte sind wir, verlieren
die Welt, bewahren die Seele.

Kyrie eleison!

Dem Angriff trotzten sie
über alle Maßen.
Doch offen die Kerkaporta.
Gott kennt keine Legionen.

Schlafes Bruder (DLF, 2 Uhr 21)

Ich gehe ins warme Bad,
im winzigen Radio spricht
eine sanfte Stimme vom
Spirituellen Testament,
vom Begehren, die letzten
Stunden eigensinnig zu gestalten.
Und wenn es anders kommt, ist es auch in Ordnung.
Ich greife zur Zahnbürste,
schaue kurz in den Spiegel,
etwas länger in mein Herz.
Herr, ich glaube,
hilf meinem Unglauben!

Dem geselligen Gott
(nach Kurt Marti)

> Jesuitenkirche Heidelberg,
> Karwoche 2019

Der Mann am Weihwasser,
um die vierzig, ein Kraftprotz,
wartet auf die Frau, die noch
mit dem ersten Eindruck kämpft.

Er öffnet die Handfläche, lässt
sich berühren. Winzige Tropfen
verbinden sie. Sie lächeln, nicken,
dann das Zeichen des Kreuzes.

Dem geselligen Gott wird es gefallen.

Dem Gott, der sich zeigte als Kind,
barfuß und im Gespräch. Dem Gott, der
uns kundtat, dass nur die Liebe zählt.
Dem Himmlischen, dem es böse erging.

Wie das so ist bei uns Menschen.

Der lächelnde Kraftprotz und seine Frau
wissen, was sie aneinander haben.
Er geht voran, sie nimmt sich Zeit,
er öffnet Türen, sie Bedeutungen.

Dem geselligen Gott wird es gefallen.
Dem Gott, der nicht als Einsamer
geglaubt wird, als Drei-Einer.
Geniale Intuition, Skandalon,
später ein rotes Meer aus Tinte.

Wie das so ist bei uns Menschen.

Die beiden beten, danken dem
Herrgott für das, was sie lieben.
Sie liebt das Zärtliche seiner Kraft,
er die Kraft ihrer Zärtlichkeit.

Dem geselligen Gott wird es gefallen.

Pater Kyrill in Wacken

> Nehmt Gottes Melodie in euch auf.
> *Ignatius von Antiochien*

Nach *Judas Priest* bete ich
die Vigilien und bin hellwach.
Heißer August, darauf ein Bier.
Die Laudes – *ecclesia supplet!*
Mein Abt, weiser Abbas, meint:
Sei pfleglich mit dir selbst!

Vormittags blinzeln Augenpaare
ungläubig der Sonne entgegen,
die ersten Lacher des Tages, heiser.
Ich schlendere und schaue auf große
Jungs aus glücklichen Gefilden, auf
gelöste Mädchen, den Freund und
fremde Schönheit fest im Blick.

Drei Maurer aus Detmold (ausgerechnet!),
mein Zeltnachbar liebt Ingeborg Bachmann,
will Deutschlehrer werden. Die Wahrheit über
die Schule wird ihm zumutbar sein. Blond ist
der Kaufmann aus Stade, seine Freundin
mager und mit Hebräisch auf der Schulter:
שבעת החטאים
Ich frage nach (Hebraicum leider a. D.),
sie flüstert: *Die sieben Todsünden!*
So küssen sich Unschuld und Prätention.

Triduum
Eine Dorfwiese
80 000 Seelen
Adieu Alltag, lasst uns wild sein und laut!
Ihr Förster, Troubleshooter, Pflegerinnen,
ihr Banker, Bürokauffrauen, Taugenichtse,
ihr IT-Sklaven, Dachdecker, Amazon-Fahrer.
Kurz ist unsere Zeit auf dem blauen Planeten:
What Am I Doing Here?

Die harten Klänge durchpflügen uns, wir
vibrieren, das schadet niemandem (ein wenig
dem Gehör) und entstaubt die Seele.
Die Texte reimen auf Wut, Zauber und Traum.
Dem Augenblick genügt's. Nur er ist und
ist doch nicht, wie die buddhistischen
Brüder meinen. In Wacken segnen wir
das *hic et nunc* mit kantigem Geknatter,
mit Fasching und Lagerfeuer.

Nightwish
Die Königin der Nacht in schwarzem Leder.
Angels Fall First. Keyboard und Fantasy,
La petite mort, dazu 'ne Pommesgabel.
Wie schön! Das also suche ich hier?
Ein geistlicher Sohn Benedikts, der Gregorianik
versprochen, der Armut auch und Keuschheit.
Gehorsam schwor ich dem Abt und seinen
Nachfolgern. Ich halte fest daran. Was aber
ist Gottes Melodie, das *Lied Jesu Christi*?
Nur Sanftes und Gerades, nur langer Atem?
Ich setze dagegen und preise das Schauspiel
von Wacken, die Lieder von Begehren und Kampf,
von Helden und Feen. Und ja, auf meine

Mitbrüder setze ich, die derweil singen im Chorgestühl die Laudes, Sext und Vesper auch für mich.

Heidelberger Epiphanien

Samstag, eisiger Januarmorgen

Fatmas Kaffee wärmt mich,
noch mehr der Duft ihrer
Worte, die RNZ empfiehlt
Udo Lindenbergs Leben,
die Jesuitenkirche schläft,
träumt wortlos auf Japanisch,
das Restaurant vis-à-vis
vom Lottogeschäft heißt
tatsächlich *Hans im Glück*,
der Fahrer des Lieferautos
lässt uns *Starman* hören,
das Schloss umnebelt,
zerbrechlich und stolz,
hat schon alles erlebt,
die *studentische Aufsicht*
in der Kisselgasse, die
alles noch vor sich hat,
schenkt mir ein Lächeln,
ihre gesammelten Werke,
Fleisch wird hier zu Wort,
halten den Rücken gerade,
ich studiere *A Marginal Jew*,
möchte ab jetzt demütig sein,
und überhaupt …

Regen in Krakau
(nach Tadeusz Różewicz, nach Adam Zagajewski)

Für die anderen singt er,
mir scheißt er auf den Kopf –
sagt im Zug Lublin – Kraków
der zerfurchte Mann zu seinem
jungen Begleiter, annonciert es
als ein jüdisches Sprichwort.

Der Regen in Krakau hat für alle
gleich viel übrig. Für die atemlosen
Touristen aus Australien, die um die
Welt geflogen, um den *Stary Rynek* mit
ihren Smartphones zu stürmen und schales Bier
zu trinken. Für den Studienanfänger des UJ,
der Eltern und Geschwister durch die Stadt
führen soll und sich ein bisschen fürchtet
vor dem Blick des neunmalklugen Vaters.
Für den Redakteur des *Tygodnik Powszechny*,
der für ein Stoßgebet in die Florianbasilika
einkehrte und jetzt die Pointe seines neuen
Feuilletons kennt: *Vielleicht sind die noch*
verbliebenen Leser das Zünglein an der Waage.
Für die kroatischen Soldaten, die vor der Wawel-
Kathedrale die Geschichte vom Schusterlehrling
Dratewka hören, der listig den bösen Drachen
besiegte und die Königstochter zur Frau bekam.
Für die Emailwarenfabrik von Oskar Schindler
und das texanische Pärchen, das am Reisebüro
den Discount für einen Tagesausflug nach
Auschwitz (Oświęcim) i Wieliczka kalkuliert.

Den weichen Krakauer Regen kümmert
nicht Währung noch Weltsicht, er möchte
nicht glänzen, kennt keine Preisschilder.
Und doch spaltet er die halbe Stadt.
Kurwa! fluchen die einen, die anderen
suchen nach Regenschirm und Bogen.
Die Verliebten umarmen sich noch inniger,
die Geschäftsleute winken Taxis herbei,
die Bettler suchen ein trockenes Plätzchen.
Nur der Redakteur, ein paar Schritte noch
von *Wiślna 12* entfernt, zögert plötzlich,
bleibt stehen, als spüre er, dass in Krakau
Himmel und Erde sich begegnen.

Letzter Dorfkaplan liest „Tiere essen"

> ... wie sie lebenden Tieren die Köpfe abrissen,
> ihnen Tabaksaft in die Augen spuckten,
> die Gesichter mit Farben besprühten ...
> *Jonathan Safran Foer*

Wie groß das Zeichen wäre!
Ein Skandalon des Guten,
Porphyrios würde jubeln.

Lamm, Kalb, Rind, Zander, Schwein,
Austern, Gans. Essen wir sie nicht,
Raubtiere wir, Priester Jesu, Brüder.

Enthaltsamkeit, verstaubt das Wort,
klebrige Phantasien. Zeit für Neues.
Warum nicht fleischlos?

Festliegen. Beifang. Kastrieren.
Stopfen. Schreddern. Käfigbatterien.
KFC. Kann Hölle schmecken?

Tiere essen.
Offene Flanke des Christentums,
fünf Brote und zwei Fische.

Franziskus streifte durch die Wiesen,
predigte Wölfen, Vögeln, Fischen.
Laudato si, o mi Signore!

Wie schön sich das singt,
wie hässlich die Schlachthöfe
am staubigen Ende der Stadt.

Ob ich bekehren möchte?
Aber ja! Meine Brüder zuerst,
viele sind es nicht mehr.

Fleißig trotzen sie dem Untergang,
trösten sich, Erfolg sei keiner
der heiligen Gottesnamen.

Wer hört noch seine Berufung,
in verwehendem Schweigen
den Herrn der Heerscharen?

Im Anfang das Wort, seitdem
schwätzen Hiobs Freunde,
der Mann am Kreuz schreit.

Die Tiere aber sprachlos,
für Descartes Maschinen,
Darwins elende Verlierer.

Gut möchte ich sein, Gott,
robust, fromm, muskulös,
ein Exorzist der Trägheit.

Zu glauben lernte ich daheim,
verzaubert vom Wort. Auf Knien,
aus Trotz. Wie das so geht.

Jetzt, der letzte Dorfkaplan,
bestaunt, bewundert, ein
bisschen Mitleid auch.

Für das Neue, heißt es,
sorgen die Jungen. Doch
die *Babyboomer* sind clever.

Hinterlistig die Haushälterin:
Gemüsepfanne, wie gestern?
Wenn's ihnen nicht über!

Der Pfarrer lächelt, gequält.
So war ich früher auch,
Wahlen, Priesterinnen, Jazz.

Das vergeht wie ein Traum,
wie Pickel von Halbwüchsigen.
Nur Jazz bleibt, spät am Abend.

Ein Bibelkenner, großzügig,
sonntags ist er C. G. Jung,
die Leute lieben ihn dafür.

Enthaltsam war ich immer,
nickt er. Und die Tiere?
Der Herr sagt wenig dazu.

Er sagt auch wenig zu
Fronleichnam und Brevier,
denke ich, schweige.

Christi Schifflein schlingert,
übers Wasser geht niemand mehr.
Wie groß das Zeichen wäre!

Regenbogen in Auschwitz (28. Mai 2006)

Mein Papst, schon alt und sehr weise, sagt,
was er sagen muss. Die Kritiker wissen
unverzüglich, was sie empören wird.
Die Überlebenden, wenige nur, umarmen sich.
Die Polen blicken auf den Papst aus Deutschland,
verwundert ob der Finten der Vorsehung.
Die Asche wartet auf die Ruhe nach dem Sturm.
Der Messias zögert wie immer.
Nur der Regenbogen, der alte Schweiger,
lässt sich blicken, weil es an der Zeit ist –
und macht alle sprachlos.

Beweise

> Wo Rätsel mich zu neuen Rätseln führten,
> Da wussten sie die Lösung ganz genau.
> *Franz Grillparzer*

Wahrhaftig,
die atheistischen Stücke
in der Bahnhofsbuchhandlung
werden die *Quinquae Viae*
des Aquinaten und auch
die furiosen Fragmente Pascals
nicht überstrahlen.

Müssen sich die Verfasser
deshalb *brights* nennen?
Oder sind sie tatsächlich
so helle, steckt die
höhere Mathematik
in ihrem kleinen Finger?
Die Meister des Verdachts –
überstehen sie die Saison?
Sie platzen vor Übermut,
die alten wie die jungen.

Und ich suche immer noch
den Stein der Weisen, frage,
wer das Schöne erfunden
und wo die Wahrheit wohnt.
Ich verehre die Gutmütigen,
und erstarre, wenn von
Missbrauch und Blutbad
die Nachrichten satt.

Ich möchte mit Heidegger
merken, was *Sein* ist
(meinetwegen auch *Seyn*),
mit George Steiner an jeder
Metaphysik zweifeln, aber
niemals von ihr lassen.
Und darf ich fragen, warum
das winzige Israel so clever,
das weite Arabien so schlapp?

Vielleicht ist es aber wahr!
rief ein chassidischer Weiser
müde. Ein Spötter erbleichte.
Im ersten Winkel meines Herzens
weiß ich, dass nur das eine
Antwort wäre.

Petrus an Paulus

Lieber Bruder in Christo,
alt sind wir geworden, und
Neros Schatten wird länger.
Wenig Zeit, um Abschied
zu nehmen vom Wichtigtun,
vom Tanz ums letzte Wort.
Beschnitten sind wir beide.

Ich weiß, auch Du bist
stolz darauf. Und doch.
Du gehst den neuen Weg.
Mir fällt er schwer, bis heute.
Ein Weltbürger bist Du, Paulus,
gelehrt, leidenschaftlich, zäh.
Ich, ein galiläischer Fischer,
ein Mann aus der Provinz.

Jeschua rief mich zu sich.
Ich ließ die Netze fallen,
folgte Ihm, mit mir Andreas.
Ich wundere mich jetzt noch!
Jung war ich, da sucht man
Auslauf, Muße, Abenteuer.
Nun, das weißt Du alles.

Und dann jener Morgen
(ich kann's nicht lassen!),
da kam der Stein ins Rollen.
Der von den Römern zu Tode
Geschundene – er lebte!
Frauen wussten es zuerst,
trugen es hinaus, später
erschien Er auch uns.
Im staubigen Jerusalem
ein Frühling wie in Galiläa.

Und Du, Paulus?
Man erzählt viel von Dir!
Von uns beiden, dass wir
raufen wie Esau und Jakob
ums väterliche Erbe.
Jetzt läuft unsere Zeit aus.
Grau sind wir, kahlköpfig,
hager. Ob auch weise?

Es heißt, dass wir Odem
sind und Erdklumpen,
und dass niemand sitzen
bleibt im Todesschatten.
Du schreibst davon an
die unruhigen Korinther,
das wilde Hafenvolk:
Wenn Christus nicht auferstanden,
erbärmlicher wären wir als alle anderen!

Das bleibt von Dir, Paulus,
der Worte bist Du mächtig.
Die Menschen sammeln
Deine Briefe wie wir einst
in den Körben das Brot.
Berufen bist Du, Paulus,
vor Damaskus Dein Ostermorgen!

All das wird nicht zählen,
auch das schreibst Du.
Wenn alles endet, halten
wir nur wenig in den Händen.
Das Sanfte wohl, die Güte.
Meine Hand reiche ich Dir,
voll Schwielen eines Fischers,
doch für jetzt von Zweifeln frei.
Der Hauch von Pfingsten möge
Dich führen – und uns alle,
bis der Herr kommt.
Maranatha!
Kephas

Im Traum traf ich Maximilian Kolbe

Im Traum traf ich Maximilian Kolbe
und fragte, ob er jemals müde war.
Ich war ein Werkzeug, sagte er,
Ritter der Immaculata. Nein, Pausen
kannte ich keine, Entbehrungen, ja.
In Grodno teilten wir uns die Schuhe.

Ich fragte nach den Zwei Kronen,
ob es stimmte, dass er schon als
Knabe das Weiße und das Rote
erwählte, Reinheit und Martyrium.
Lange schwieg er, sprach dann von
Worten, die jeder im Herzen bewege.

Die Jungfrau sei gepriesen!

Dann fragte ich nach Japan, nach
seiner Mission. *Yume* und *Yüki*,
lächelte er. Einen Traum sollst
Du haben und Mut. Ich war ein
freier Mensch, verliebt in die
Madonna mit den Mandelaugen.

Die vierte Frage stellte ich nicht.
Er kannte sie, als ob die Himmlischen
auch neugierig wären. Glaubhaft ist
nur die Liebe, sagte er. Der Rest
ist heidnisch, ist Unkraut und Wahn.
Du wirst sehen.

Der Vorstadtpfarrer und die Fruchtbarkeit

Mascha Kaléko zuhauf, hin und wieder Adorno,
Erich Fried, der kleine Prinz auf Platz eins.
Gereimtes und Ungereimtes, pathetisch, weise,
lyrisches Utopia für Braut und Bräutigam.
Gut so! Sie werden wachsen, Nester bauen,
jetzt strahlen sie, schwitzen, zupfen an ihren
Kleidern. Zu wenig Jesus, meint der Küster.

Und auf einmal *Die Frau ohne Schatten*.
Sie Ärztin, Gynäkologin, er Devisenhändler,
Franzose. Es ist eben die Weststadt,
Sonnenseite des Lebens, prächtig die Häuser,
nicht selten ein Stolperstein.
Bescheiden beide und kultiviert, feine Melange,
auch die Verse, auf einem Rezeptblock notiert.
Liebe auf Rezept, ein Rezept für die Liebe.
Wir lachen.

Ihr Gatten, die ihr liebend euch in Armen liegt,
ihr seid die Brücke, überm Abgrund ausgespannt,
auf der die Toten wiederum ins Leben gehen!
Geheiligt sei eurer Liebe Werk!

Mit diesen Versen möchten wir uns trauen.
Sie hat große Augen, er einen knappen Anzug.
Ich freue mich auf die Herausforderung, sage ich,
passiert doch selten genug. Nein, Strauss höre
ich nicht, jenseits von Wagner mein Ödland.

Abends zwei Gläser Rotwein.
Ich lausche Salomos Lied,
Süßer als Wein ist deine Liebe,
ich sehe die Brücke von San Luis Rey,
die nur Liebende heil überqueren.
Dann Wikipedia und YouTube.
Dritthalb Jahr bin ich dein Weib –
und du hast keine Frucht gewonnen aus mir!
Schrill der Gesang, wild die Geschichte:
Mensch ist, wem Fruchtbarkeit gegeben.

Meine Fruchtbarkeit schenkte ich dem Herrn.
Dem Klerus gehöre ich an, dem Völkchen,
dessen Los und Erbe der Welt entzogen.
Ein feingesponnenes Ärgernis, wahrhaftig!
Den Abgrund soll ich mildern, das Wort
bewahren, den Glauben, die Hoffnung.
Tremendum et fascinosum,
so lernte ich im Studium.

Freilich, wer will vom *Tremendum* hören?
Geistreich sollen wir sein, persönlich,
maßvoll und heiter, Humor gewinnt.
Spätzeit. Das Heiße ist kalt geworden,
nicht mal der Zweifel mag noch blühen.
Findig sind wir, ironisch, unfruchtbar.

Susanne und Yves.
Sie bringt Kinder zur Welt, er Geld,
Baumeister dieser Welt.
Ich sehe Feuchtes und Kaltes,
Eros und Thanatos, und predige
– *Im Namen des Sohnes* –
über die Liebe, die groß ist,

doch ohne Arbeit flüchtig.
Ich erzähle von reifen Früchten,
die ich selbst nicht verzehre.

Der größere Abgrund,
einen Herzschlag entfernt,
der Tod. Weiß Gott, kein Stoff
für Brautfrisur, lackierte Schuhe,
frisch rasierte Schädel, Push-up.
Doch wie zerbrechlich wir sind!
Auch unsere Liebe, mit ihr das
Verlangen, die Haut und der Blick.

So umarmt einander,
haltet fest an eurem Jawort,
die Versuchung fern. Verzeiht!
Eure Tage seien fruchtbar,
eure Kinder mutig und stark.
Geheiligt eurer Liebe Werk!

Ich bin ein Priester,
mittendrin allein.
Meine Liebe närrisch,
mein Glaube zittrig,
meine Hoffnung auf
alten Codices notiert.
Ich fürchte mich nicht.
Logos ward Leib.

Pius XI.: Semiten

*Besseres als diese wunderbaren
Worte kann es gar nicht geben.
Wie kann überhaupt ein Christ
Judengegner sein? Kein Christ
darf irgendeine Beziehung zum
Antisemitismus haben, denn wir sind
doch alle im geistigen Sinne Semiten.*

Warschau, Siegesplatz, 2. Juni 1979

> Karol Wojtyła hielt dann die möglicherweise
> beste Predigt seines Lebens.
> *George Weigel*

Den Menschen begreifen ohne Christus –
wie soll das gehen?
Begreifen das Ghetto und die Trümmer,
diese Stadt, die unterging und auferstand.

Mit Christus den Menschen begreifen,
das ist wie Pilgern.
Wer gefangen ist, in Babylon oder im Vatikan,
der erlahmt vor Furcht und Zorn und Vorsicht.

Der Pilger kennt die sel'ge Last der Müdigkeit,
die Frische am Morgen.
Der Pilger kennt das Ziel des langen Weges,
die Krise, die Treue, winzigste Schritte.

Heute bin ich der Pilger. Euer Bruder, Bischof,
seit kurzem Pontifex.
Ich muss es Sendung nennen. Wie könnte ich,
Polens Sohn, von Zufall sprechen?

Von Krakau nach Rom. Jetzt ein Gast daheim.
Das Wort bleibt gleich.
Verletzt ist die Welt. Wir müssen sprechen von
Kreuz und Auferstehung. Unsere Sendung!

Wir müssen die Körner ehren, die fallen
in die Erde, dann Frucht bringen.

Wo sind ihre Gräber? Wo sind sie nicht?
Der Unbekannte Soldat? Gott weiß es im Himmel.

Umarmen will ich die Fernen und die Zweifler,
sie sind der Kirche Weg.
Wenn Christus ein *Zeichen, dem widersprochen*,
wie könnten wir Applaus erwarten?

Fürchten wir nicht die Größe. ER ist der
Maßstab. Ein offenes Buch.
Nur dort ist unsere ganze Geschichte zu lesen,
zu verstehen alles, was Polen bildet.

Erneuere, Du Ewiger, das Antlitz der Erde!
Dieser Erde.
Amen.

Warschau, Siegesplatz, 2. Juni 1979, zuvor

> Sie aber sagten: Ja nicht am Fest,
> damit kein Aufruhr im Volk entsteht.
> *Matthäus 25,5*

Empfangt ihn nicht,
Genosse! Das bringt
nur Ärger. Macht es
wie Gomułka! Er ließ
Paul VI. nicht hinein –
und nichts passierte.
Ein guter Kommunist!

Wie soll das gehen,
Genosse Leonid?
Die Polen sind katholisch.
Sie wollen ihren Papst!

Er ist ein kluger Mann,
er soll sagen, dass er
krank sei und nicht
reisen könne.

Das geht nicht,
Genosse!
Mein politischer
Verstand sagt mir:
Wir müssen ihn
hereinlassen!

Na, dann macht es halt.
Nur seht zu, dass ihr es
später nicht bereut!

Die Übersetzer
(nach Patrick Roth)

Akribisch die Übersetzung,
längst erreicht die Insel
in der Mitte des Flusses.

Das andere Ufer noch fern:
des Lesers Herz.
Fährmann, setze über!

Ein Meister, wer schweigt
und bringt das heilige
Wort zum Tanzen.

Max wird scheitern

Er hat sich noch nicht gefunden.
Die Haushälterin hat schon manche erlebt,
die ganz Jungen, das Salböl frisch noch an den
Händen, die Enthusiasten, die Genießer.
Kein Urteilen mehr, sagte der Beichtvater.
Es ist gut, wie es ist.

Wobei: Die Ästheten, die pingeligen Liturgen,
nerven gewaltig. Holzige Sprüche vom Zeitgeist
und seinen Witwen, eitles Gesuche nach
barocken Schätzen im Gesangbuch. Korrekte
Abläufe, auch wenn Kinder schreien.
Schwamm drüber.

Max aber macht ihr wirklich Sorgen.

Max scheut die Menschen, will dafür glänzen.
Mit Dostojewski und Rilke, mit Weisheiten
der Wüste, neulich gar mit Bacon, mit dem
schreienden Papst. Max vertraut nicht
dem schlichten Wort, den Menschen, die
sein Amt achten und bald auch ihn selbst.

Max liebt den Wortrausch und die Pointe.
Als ob der Glaube etwas Spitzfindiges wäre,
nicht ein Kommen und Gehen, ein Finden.
Selbst die Jünger, *damals*, wollten nicht glauben,
so sie nicht sahen die Wunden, das Blut.

Bei Frühstück und Mittag gibt Max von sich
nichts preis. Nicht mal die Schule (ein schwieriges
Pflaster, weiß Gott!) ist ihm einen Seufzer wert,
nicht mal der kranke Vater. Dabei braucht jeder
ein Ohr, gerade die Männer ohne Frauen.

Und dann die Gerüchte. Die Leute sind ja nicht
blöd. Ein rotes Auto, eine Hübsche mit Brille,
da läuft was, Frau Ziegler, das sehe ich!
Perfides, vielleicht auch Wahres.
Es geht mich nichts an, wie spricht Franziskus:
Wer bin ich, über sie zu richten?

Kein Urteilen mehr! Das sagt sich so leicht.
Die Haushälterin, seit Ewigkeiten dabei,
weiß, dass Max scheitern wird.

Nachtportier

Nachtportier, sage ich, wenn
ich im Zug oder Café nach
Stand und Beruf gefragt werde.

Nicht, dass ich mich schämte,
ein Priester Jesu Christi zu sein
(eine hohe und unverdiente Berufung!),
aber ich liebe die Irritation,
die verblüfften Gesichter,
die Blicke auf meine Lektüren.

Sagte ich Priester, müsste ich
mir anhören, dass sie Agnostiker
sind, dass sie sich *damals* von der
frommen Schwester eine Ohrfeige
einfingen und dass ihr Pfarrer eine
Geliebte hatte (nicht, dass sie wüssten,
wie der jetzige heißt!).
Wie trostlos! würde ich ausrufen,
und das erspare ich ihnen und mir.

Deshalb: Nachtportier.
Flunkern mit Bodenhaftung.
Als Student war ich in diesem
Gewerbe tätig.
Hotel Mainzer Hof,
lockte ich,
Was kann ich für Sie tun?
Und in aller Herrgottsfrühe:
Es ist 5.30 Uhr,
Sie wünschten geweckt zu werden!

Es folgten: ein ungläubiges Staunen,
ein Stöhnen, ein knorriges *danke!*
Dann und wann legte jemand einen
kleinen Schein auf die Theke.
Zuhälter kamen auch (nicht häufig)
und gaben sich wenig Mühe,
ihr tristes Tun zu verschleiern.
Wie denn auch!

Legendär die rumänische Barfrau,
die knapp vor Mitternacht anzeigte,
man möge ihr jetzt ein Taxi rufen.
Für ihre Kunden, angeheitert, diffuse
Erwartungen, löste sie sich in Luft auf.
Ab da gab es nur noch *soft drinks* –
vom Nachtportier ernüchternd serviert.

Nachtportier!
Keine Nachfragen (verwunderlich!),
so gebe ich mich den Lektüren hin,
dem Kaffee, den Wortfetzen, die uns
spiegeln, entlarven, verorten. Hurtig
sitzt ein Kobold auf meiner Schulter,
ein Bild, ein Zweifel, die Predigt keimt.
Der Rest dann geduldig am Schreibtisch.

Wer wählt, verzichtet. Ich wählte das
Schauspiel des Logos, vor Menschen
und vor Engeln. Wie könnte ich klagen?
Nur manchmal, wenn mich die Müdigkeit
packt, der Dämon in des Lebens Mitte,
stelle ich mir vor, ich hätte geheiratet
die Tochter der Barfrau, wäre geblieben

im nächtlichen Gewerbe. *Ja, wir hätten*
für Sie noch ein schönes Zimmer!

Ein Leben ohne Filter. Die Auskünfte
handfest, Preise folgen der Nachfrage.
Seltsam taube Stunden, wenn die Nacht
an Kraft verliert und der Morgen noch fern.
Die Söhne zeugte ich in der Frühe, den Baum
pflanzte ich nach einem erholsamen Schlaf.
Nur auf das Haus müsste ich verzichten.
Ein Nachtportier hat wenig Kredit, und die
Banken lieben Beamte, nicht Barfrauen.

Zum Priestertum wurde ich dann berufen.
Verkünde, im Namen des Sohnes,
die Auferstehung und das ewige Leben.
Unser Leben hat ein Dach,
sagte mein Bischof, ich setze darauf.
Überhaupt, der Glaube. Ein Experiment.
Das Licht kommt vom Osten.
Wächter, wie tief ist die Nacht?

Halleluja. Polemische Verse

Test, Test
hauchte die junge Dame
arglos ins Mikrophon.
Mir schwante Böses.

Die Kirche war geschmückt,
bunte Tücher, frische Blumen.
Osteroktav in vollem Gange,
da ist alles möglich.

Dann heulte sie
Dir gehört mein Herz,
und ich hoffte, das gehöre
nicht zur Erstkommunion.

Die jungen Christen haben
es auch so schwer genug.
Eltern ohne Glauben, Pfarrer
ohne Rat, Oma, die nicht betet.

Als sie *Halleluja* draufsetzte,
war ich beruhigt. Eine Trauung!
Wahre Liebe übersteht das.
Früh übt sich.

Hunde des Himmels

> Aber die Kyniker spotten ihrer Ketten,
> Jesus betet für seine Henker.
> *Thomas Söding*

Ganze Bibliotheken, wer mag sie studieren?
Jeschua aus Nazareth, der, weil nicht am Bau
geschuftet, heilte, umherzog und das Reich
verkündete, mit ihm die Jünger. Auch Frauen
folgten ihm, treu, vom fischreichen See bis zum
Elendshügel. Später verschwanden sie beinahe
aus den Schriften. Viel wissen wir von ihm
(es fand in einem Winkel statt!), stets zu wenig,
gerade genug, um zu glauben oder auch nicht.

Was er schon alles gewesen!
Gottes Sohn in jeder Himmelsfarbe,
ein gewöhnlicher Rabbi, *Ecce homo!*
Ein Revolutionär, sanft und zornig um
Gottes willen. Dann und wann gab es ihn nicht.
Also sprachen Dogmatiker, Historiker,
Häretiker. Die Heiligen schrieben über ihn,
die Phantasten, die Philologen. Er selbst
schrieb nur einmal, mit dem Finger in den Sand.

Jetzt also Diogenes' jüdischer Bruder,
ein Kyniker der Synagogen.
So spitzt die Federn, ihr Exegeten,
bedenkt Weisheit und Argument.
Ihr Frommen, ruhig Blut, bleibt heiter.
Semper aliquid haeret.

Anfänge sind immer heikel,
man ahnt das Ende. Der Vater,
ein Gerücht, später fast ein Dogma,
er selbst ein Ärgernis für Dorf und Geschwister.
Mir ist Bruder und Schwester und Mutter,
wer den Willen Gottes kennt!
Schneidend konnte er sein, punktgenau.
Ich bin gekommen, die Sünder
zu rufen, nicht die Gerechten!
Ja, das ist sein Sound, bitterzart,
kühne Verse vom Fasten und Verzeihen.
Was tat man später nicht alles,
um ihnen die Flügel zu stutzen!

Und wenn jemand mit ihm ziehen wollte,
doch zuvor den Vater noch begraben,
schickte er ihn zum Teufel. Und wenn er
die Seinen sendet, so sollen sie nichts
mitnehmen, nicht einmal Schuhe oder
Wechselhemd. Grüßen sollen sie auch
niemanden, nur das Himmelreich ansagen,
das jetzt keimt, senfkorngroß.

Ist das noch ein Rabbi, ein jüdisch Frommer?
Ein Jerusalempilger, der nicht opfert, und wenn,
dann sich selbst, und wenn, dann Wein und Brot?
Oder schon Sohn jenes Stammes, der frech nach
Menschen suchte auf dem vollen Marktplatz?
Wahre Hunde, sie riefen sich wie eine Punkband
und verspotteten Reichtum, Titel, Obrigkeit.

Luftmenschen waren sie, Könige des Zweifels,
Seelsorger auch. Über das Opfer,
gültig oder nicht, verloren sie kein Wort.
Das überließen sie den Priestern, dem
angstverrückten Volk. Unsere Seele aber
heiligt rechtes Denken, das sei unser Dienst.
Wenn Gott, dann einer, wenn Kult, dann Ironie,
wer Rat benötigt, meide Delphi, suche den
bedürfnislosen Weisen auf.

Ob Jeschua ihnen je begegnet? Vor der Haustür,
in Sepphoris, in den Zehn Städten, am Meer
von Galiläa? Fußläufig war Palästina, aber
ruppig und bunt, und nicht nur Roms Stiefel
wirbelten Staub auf. Es zogen durch allerlei
Gaukler und Gedanken, weise Hellenen,
findige Magier, Bauleute, Schwärmer.
Und Jeschua war gewiss kein Stubenhocker,
im Heidenland, in Gerasa schickte er
in die Schweine die Dämonen.

Kehrt um und glaubt! Bringt Frucht!
Das Himmelreich ist nah!
Wie das schon klingt!
Auch das sein Sound, von Coolness keine Spur.
Gottes Reich, so sagte er, sei stündlich zu
erwarten, so lasst die Lampen brennen!
Diogenes' Bruder, ein Sokrates in Palästina?
Oder doch ein Freiberufler Jahwes,
des gewaltigen Herrn, der vom Zion
brüllen konnte, meist aber schwieg.

Dass Jeschua schroff war?
Man schaue auf die Propheten!
Und dass er mit Zöllnern speiste,
die Blutenden nicht mied, sich am
Brunnen befragen ließ von Frauen?
Nennt nichts unrein, was gottgeschaffen!
Achtet nur auf das, was euren Mund
verlässt, das böse Wort. Auch das sein
Vers! Und Jeschua lernte, dass Göttliches
sogar den Hunden zukommt.

Wir sind die Hunde des Himmels,
mit uns Diogenes, Eliade und Pascal.
Wir heulen den Mond an, räkeln uns
im Glanz der Sonne, glotzen auf
schöne Frauen, essen gern Süßes,
trinken süffigen Wein. Wir lieben
das folgenlose Gerede. Schweigen
können wir nicht. So zählen wir Protonen,
Schöpfungstage und Medaillen.

Und Jeschua? Er bleibt nicht stehen,
geht an uns vorbei und kehrt zurück
zu den Seinen.

Die Seele des Thomas Morus

> Tower of London, Juli 1535 A. D.

Mit einem Stückchen Kohle
schreibe ich Dir diesen Brief,
carissima filia, liebe Margaret,
gelehrte Eva, Mutter.

Weit ist es mit mir gekommen!
Richter, Gesandter, Kanzler.
Reisender in Utopias Lande.
Erasmus widmete mir Schriften.

Moria, lachte er, heißt Torheit!

Mit acht Ruderern auf der Themse,
mit dem König zählte ich Gestirne,
Äffchen erfreuten mich, dazu mein Narr.
Nur vom Weine hielt ich mich fern.

Wahrhaft ein Tor, wer denkt, dass Tugend
die Räder der Fortuna lenkt. Köpfe rollen,
wenn der allerchristlichste König es will,
the great matter. Uns steht Demut an.

Frag Hiob!

Aber eines, Tochter, bleibt uns und ist heilig.
Der Seele Reinheit, göttliches Geschenk.
So konnte ich den Eid nicht sprechen, denn
Petrus ist der Kirche Haupt. Das sicher!

Ein Büßerhemd trage ich schon lange.
Wenn unser Herr selbst Qualen litt,
wie könnten wir in Federbetten gen Himmel
steigen? Mein Ende wird das Seine sein.

Die sieben Bußpsalmen und die Litanei
müssen wir noch beten, für uns und unseren
König. Mögen wir unsere Seele rein bewahren,
hören allein auf des Gewissens festen Ruf.

Jetzt zittere ich ein wenig, Margaret,
denn kühl sind hier die Julitage.
Stehe ich aber vor dem Großen Richter,
dann mag er mich nach meiner Seele fragen

und mir dann barmherzig sein.

Die alten Wörter

Sonntags während der Predigt,
als ich *Reformstau* hörte,
mochte ich nicht ins Koma fallen
und gedachte der alten Wörter.

Der Habseligkeiten zuerst.
Dann fielen mir Ehrfurcht ein
und Gnade, später Anmut,
Jubilieren, Frömmigkeit.

Und ja: himmelhochjauchzend!

Wo sind sie hin, die alten Wörter?
Sie verzogen sich ohne Lärm.
Kein Klageweib, kein Wehe,
nicht der Hauch eines Dramas.

Typisch!
Wenn die Meute tanzt,
die Metaphysik stirbt,
spricht der Adel sein Adieu.

Wurden sie ausgebürgert –
wie sowjetische Dissidenten,
die nicht bejubeln mochten
den Marasmus, die Lüge?

Wenn ja, wo sind sie jetzt?
Welches Land nahm sie auf,
gab ihnen Asyl, bat sie hierfür
um Zurückhaltung beim Wort?

Nach der Predigt, wir sprachen
gottlob das Credo, suchte meine
Nachbarin nach einer Münze
für die Opferung.

Auch so ein Wort!

Aus ihrer Handtasche schauten
Stricknadeln heraus, ein buntes
Wollknäuel, bestens geeignet,
winzige Füßchen zu umhüllen.

Als der Priester Brot und Wein
zum Himmel erhob, blickten mich
Grazie und Anmut an. *Geduld*,
flüsterten sie, Gutes kann warten.

Wir sind wie Deine Nachbarin.
Wenn uns niemand braucht,
stricken wir Kleider aus Milde,
feinste Fäden aus Sanftmut.

Abends hören wir die Gnade
über das Gesetz dozieren,
die Augenweide sucht Reime
für ihr Snobismus-Projekt.

Ja, wir lachen viel!

Der Priester teilte Brot aus,
der Organist unterhielt
sich mit César Franck,
ich hörte sie noch einmal.

Ihr kommt ohne uns aus
(die Gelassenheit sprach),
doch fehlt euch das Biegsame,
der Charme, die Beiläufigkeit.

Ihr glaubt nicht mehr an die
Leerstelle, das Zögern.
Ihr liebt die Erregung und
die Raserei der Märkte.

Dann schwiegen sie plötzlich.
Als wären sie zu weit gegangen,
als dachten sie an ihr Gastland,
an ihr Versprechen zu schweigen.

Vor der Kirche stand der Pfarrer:
Gott befohlen!
Ein starkes Wort, sagte ich.
Er lächelte ungläubig.

Die Farben des Glaubens
(Kleine Auswahl nach Jerzy Szymik)

Zitronengelb die Strümpfe
des jungen Mädchens in
der schlesischen Basilika.
Schwarz die Kapuzen
der Mönche von Tyniec
(mutig, wer ihnen doziert!).
Weiß der Raureif in Lublin,
der gnädig benetzt Prediger
und Professoren, die nicht
zittern, wenn sie Gott sagen,
Trinität oder Inkarnation.
Rot-schwarz die Ziegeln
der Arbeiterkirchen. Hier
hörten die jungen Reservisten,
die jetzt auf dem Bahnsteig
ihre Mädchen küssen (der Atem
nach Wodka), dass Christus
für sie gestorben.
Violett, natürlich, Advent,
denn bereit musst du sein,
noch heute zu gehen und
nicht bitter zu werden.
Der Glaube selbst: *błękit*,
was himmelblau meint
und *heaven* und Poesie
und unendlich viel Hoffnung –
auch für uns.

Vater ist gestorben

Es ist vollbracht!

Das sprachst Du auf
den Anrufbeantworter,
als Mama gestorben.

Typisch, denke ich heute,
Solidität trifft Pathos.
(Damals heulte ich nur.)

Als Du gestorben,
schwieg
der Anrufbeantworter.

Typisch, denke ich heute,
wer sollte Dich toppen?
(Damals fehlten die Worte.)

So viele Kämpfe!

Einmal, ich hörte *Deep Purple*,
fragtest Du, ob gute Musik
immer laut sein muss.

Ein großes Bild ist doch auch
nicht schöner als ein kleines.
Kluge. Sätze. Lähmen.

Auch bei *Karl Marx*,
ich war sechzehn,
hatte ich keine Chance.

Ich wollte diskutieren,
Du noch mehr,
Aufklärung stand an.

Die Welt ist nicht gerecht!
Aber verteilen kann man nur,
was man zuvor erarbeitet.

So viele Kämpfe!

Du schenktest mir die FAZ
und den Deutschlandfunk,
den Willen dranzubleiben.

Einmal, als ich aus der Kurve flog,
hörte ich: *Das Leben ist nicht einfach!*
Ich weiß selbst nicht, mein Junge!

Später las ich die Jabbok-Erzählung.
Noch später verstand ich sie.
Sie rangen bis zur Morgenröte.

Es gibt Kämpfe ohne Sieger,
aber nicht ohne Schrammen.
Die meisten verheilen.

Manchmal verrenkt eine Hüfte.
Mitunter gibt es einen neuen Namen.
Am Ende – der Segen?

So viele Kämpfe!

Jenseits der Furt, holprig,
wurde unser Ringkampf
zum Tanz (wie bei Delacroix).

Noch einmal der ganze Karl May,
Ein wenig Wurst aus Schlesien,
west-östliche Seelenkarte.

Zuletzt atmest Du schwer,
ein Gurgeln, ein Schnaufen.
Deine Krankheit zum Tode.

Ich lasse Dich nicht los.
Gewaltig dieses Wort.
Und doch.

Adieu.

Was hilft?

> Für R. S. Thomas (1913–2000)
> Waliser, Birdwatcher, Poet, Priester

Ein kräftiger Roter, schnelle Spaziergänge,
Vogelgesang bei Sonnenaufgang – gewiss!
Lektüren, so ihre Zeit gekommen. Gedichte,
unverstellt und leuchtend wie das Weizenfeld.

Schönheit hilft – ganz sicher! Was wären wir
ohne sie? Was dachtest du, als du zum ersten Mal
das Gesicht der Uta von Naumburg schautest,
die Augen von Sharbat Gula?

Großzügig sein hilft. Jederzeit, überall.
Verschenke Zeit, Geld, Lust und Lob.
Rechne nichts aus, meide Pfennigfuchser,
Spekulanten. Traue dem kleinen Rucksack.

Beten hilft. Nicht magisch, erwachsen.
Wenn anstelle der Engel nur eine Fledermaus
unterm Kirchendach – erst recht. Und wenn
dein Mund zu trocken, lausche dem Wind.

Kaffee hilft auch – und ein Blick zur Uhr.
Hohe Zeit für Spaziergang und Vogelgesang,
für Schönheit, Großherzigkeit, Gebet –
ist jetzt.

Kölner Domherr (Monolog im August)

Sie sagen mir, dass sie
nach zwei Tagen Mallorca
den Domblick missen, ja,
dass sie fiebrig würden.

Sie sagen, dass sie gerne
feiern, tanzen, die Fünfe
gerade sein lassen – ihr Standbein
aber bleibt der Dom.

Ich glaube ihnen und bin
der Phrasen müde.
Ich han en Tant em Kluster,
Kölns achtes Sakrament.

Sie sind wie Richters Fenster,
unverbindliches Rauschen.
Königsblau? Veilchenlila?
Orange? Limettengrün?

Wenn aber alles gültig und
gleich, sind wir Museum.
Der alte Kardinal, ein Fuchs,
erfasste es blitzschnell.

Passt in eine Moschee,
tat er kund. Unser Gott
aber hat ein Antlitz und
eine große Liebe.

Wo sehe ich das?

Die Fans applaudierten,
die Ästheten stöhnten,
die Gazetten tobten,
CNN rückte an.

Jetzt stehen sie da,
suchen den Himmel
und sehen Quadrate –
bierdeckelgroß.

Wie schön! raunen sie,
moderne Kunst! Generator!
Dann ziehen sie zur Madonna,
zünden ein Kerzlein an.

Vielleicht muss das so sein.
Großstadtglitzer und Glaube,
schon in Athen kein rechtes Paar.
Paulus predigte Tauben.

EINEM UNBEKANNTEN GOTT

So stand's auf einem Altar,
man konnte nie wissen.
Auferstehung? *Lass uns ein
anderes Mal darüber hören!*

Jetzt sind wir Athen und
opfern Gott bunte Vitrinen,
lassen Lichter tanzen.
Das erspart Gebete.

Ich mag sie, keine Frage!
Unser Dom! sagen sie stolz,
wenn Gäste zu Besuch,
und hier, der Schrein!

Noch liegt er auf ihrem Weg.
Ein Haus der Unterbrechung.
Gleich darauf der Taumel,
Tausch ohne Tempel.

Abends bete ich für sie.
Dass sie nicht untergehen,
widerstehen den Dämonen
der Hohe Straße.

Leseverstehen 2

> Würzburg, 05.10.2019
> Café bei Hugendubel

Vertieft in das Deutschbuch,
vergisst sie ihren Milchkaffee.
Ihre Haut kaffeebraun, so
man das noch sagen darf.

Pakistan, Indien, Sri Lanka.
Wie auch immer: Souverän
und weltentrückt füllt sie
die Bögen aus, kreist ein.

Ich blättere durch die FAZ,
überlege, ob ich Ecos „Riesen"
oder Dávilas „Guillotine" (mal wieder!)
verschenken mag und weiß plötzlich:

Die Zukunft – allüberall – muss solchen
Frauen in die Hände gelegt werden.
Wir Gorillas hatten unsere Chancen.
Die Künftigen mögen es besser machen.

Nur meine Lektüren, zugegeben, ahnen
noch nichts von dieser Einsicht.

Reise nach Jerusalem

Unser kluger Lateinlehrer, Magister Artium,
traute sich nicht, nach Rom zu fahren.
Es ist zu viel, sagte er, zu viel Europa.
Antike! Renaissance! Barock!

Wir, halbstark, schnell gelangweilt,
achteten ihn – und pfiffen drauf.
Für die Interrailtour lasen wir Trauben,
sommerliche Initiation auf Schienen.

Europa leuchtet!
In Rom und Amsterdam, in Porto, Athen.
Nachtzüge sparten Jugendherbergen.
Wir hakten ab, sahen den Papst.

Anne Frank, serbische Schnäpse, Akropolis.
Kunterbuntes, Berührendes, Dummes.
Lange Gespräche, knappe Erleuchtungen.
Schönheit für Anfänger.

Heute bin ich der Magister, nur älter,
und traue mich nicht nach Jerusalem.
Zu viele Behauptungen, Bärte, Propheten.
Zänkisch die Mönche, Geröll aus den Wüsten.

Diese Stadt sei nymphomanisch (sagt man),
sie umarme die Glücksritter, zeuge
irre Söhne, die Steine aufschichten,
zu Mystikern werden oder Tagedieben.

Nur einmal, nächtlich, weilte meine
Seele auf dem Tempelberg. Sie wollte
lauschen, spüren den Grund der Welt.
Doch Gott war nicht im Sturm.

An der Mauer die Klage. Stoffes genug.
Was alles Gott geweiht! Dem Ewigen ein
irdisches Gemäuer. Die Erde zitterte kurz.
Gott war nicht im Erdbeben.

Entzündet die Augen der Schriftkundigen,
die alle Zeichen unendlich durchpflügt, denn
stets um die Ecke die Messianische Zeit.
Und Gott war nicht im Feuer.

Meine Seele weilte dort und sprach:
Jerusalem liegt in dir. Nur höre genau,
und wenn der Wind sanft säuselt,
dann bedecke dein Gesicht

und neige das Haupt.

Lineare Algebra

Sein ganzer Besitz in einem Einkaufswagen,
Habseligkeiten, wenn das Wort nicht so schön.
Der Wagen dicht am Aufgang zur ehrwürdigen
Bibliothek. *Zukunft seit 1386*
Womöglich hatte er die Zukunft schon hinter
sich. Der mächtige blaue Band aber kündete
keck *Lineare Algebra*

Ich wusste nicht recht, was das Wort bedeutet,
dürftig mein mathematisches Wissen,
schon immer gewesen (bin nicht stolz darauf!).
Spät hörte ich, dass Mathematik dort anfängt,
wo die Rechnerei aufhört. Hörte von Hilberts 23
Problemen, von Eulers Königsberger Brücken
und dem Bruder von Simone Weil.

Von Grigori Perelman auch. Chapeau!

Mathematik als Anekdote. Das ist nicht viel.
Immerhin (fürchterlich knackte das Holzbein
meines ersten Lehrers für Mathematik).
Sonntagabends, wenn Deutschland fahndet,
taste ich Himmel und Erde nach Zahlen ab.
Ob sie komplex sind, natürlich, irrational,
nun ja. Gibt es sie auch ohne uns Menschen?

Gibt es unendlich viele Primzahlzwillinge?
Werden wir es erfahren? Und dann?
Hier erwacht der Platoniker in mir.
Erstaunlich, wie die Welt sich fügt!
Manche flüstern: *Gott*, andere wittern Häresie,
die letzte Versuchung der Wissenschaft.
Locker bleiben! Die Welt ist Zahl, Klang, Eros.

Der Mann nahm das Buch, stieg die Stufen hoch.
Langsam. Als suchte er die Balance, die Mitte.
Er verschwand im Pulk der jungen Glücklichen.
Ich dachte an die seltsamen Genies der Zahlen,
vom wahren Leben (was ist das schon?) gebeutelt.
Sie verehren Micky Mouse, essen Babynahrung
und beweisen Ihresgleichen das Unlösbare.

Wie tragisch! Wie schön!
Die Welt ist alles, was der Fall ist.
Was alles der Fall ist, wissen wir nicht.
Wir nähern uns an – *asymptotisch*, wie
ich früher lernte. Der Wahrheit. Dem Tod.
Der Mann mit dem Buch. Ein Gescheiter,
ein Gescheiterter?

Gesegnet seien die Gescheiterten.

Jude sein

> Wenn sie schweigen,
> werden Steine schreien.
> *Lukas 19,40*

Ich weiß: Wenn die Mutter Jüdin,
dann ist es auch das Kind.
Warum nicht der Vater?
fragen Schüler. Denkt nach,
sage ich. Und niemand errät.

Ich weiß: Jude ist man von Geburt.
Gottes Volk, Beschneidung, Gelobt seist DU.
Die DNA aber ist das Buch. Wer liest,
ist Jude, wer genau liest, wer lacht und
nicht verzweifelt.

Erst brannte das Buch, dann das Volk.
Kein Satz, den man vor sich her trägt.
Keine Weisheit darin, der kälteste Punkt
der deutschen Erde. Nur Wörter bleiben.
Und JWHW, dem nichts Menschliches fremd.

Bleibt JHWH?

Spirituell sind wir alle Semiten,
sagte ein Papst. Mein Gott, ein Wort
nach zweitausend Jahren. Nicht viele
Monate später die große Nichtung.
Gehälftet nun das Wort, geviertelt.

Doch wenn es keinen Gott gibt
und keine Gnade – nun, dann …
Ich glaube an das Wort, an jüdische
Gottesflausen, an die Leidenschaft
für das Lernen und den Sinn.

Hüte dich vor dem Dogma, höre ich,
schreibe dem Engel nicht vor, wie er ist.
Immerwährend sollst du lernen, nicht
mit den Wölfen heulen, und nur wenn
es sein muss, an der Mauer klagen.

Narr und Priester

>Kleines Memoir für
>Leszek Kołakowski (1927–2009)

In den 60er-Jahren warst Du der König
von Warschau. Die graue Hauptstadt
erst gestern auferstanden aus Ruinen.
Jetzt mochten die Überlebenden nicht nur
Möbel und Rindfleisch, jetzt mochten sie
auch helle Gedanken. Dein Fachgebiet.

Die Konkurrenz gab Antworten, an denen
nicht zu rütteln war (womit auch!). Du liebtest
Spinozas Tiefe, den Leichtsinn Pascals.
Die Philosophie hat sich niemals
vom Erbe der Theologie frei gemacht.
Solche Eröffnungen machten Dir keine Angst.

Dein Sturm und Drang war vorbei, das Lehrgeld
bezahlt. Jenseits der Dogmen das Geistreiche
und das Geheimnis. Ob Augustinus im Recht
oder Popper, Geschmackssache. Wo es aber
Offenbarungen gibt, Priester und Heilige, dort
müssen Narren und Ketzer die Balance wahren.

Priester lieben Absoluta, setzen feste Pflöcke,
Narren zweifeln, machen Witze. Sie kennen
zu viele Priester. Unheilbarer Antagonismus!
Wo Pubertierende, dort Greise, wo Künstler,
dort Polizisten. Doch nur die einen vertreiben.
Leicht ist der Fall, schwer der Flug.

Als wir uns in Oxford trafen, war Warschau
bunt und voller Autos. Deine Philosophie
– „ich habe keine" – blieb in den Büchern.
Der deutsche Doktorand sollte erklären den
Niedergang des Glaubens im Lande Luthers.
So viele Narren, so wenige Priester!

Das Absolute kann nie vergessen werden.

War das Dein Priester-Satz? Ein Beitrag zum
Gleichgewicht? Am Gartentor schwiegen wir ein
wenig. Dann sagtest Du heiter: Die Busse
fahren hier pünktlich. Und mir fiel ein, dass für
Dich Güte und Mut, Intelligenz und Hoffnung
die Früchte des philosophischen Denkens waren.

Selbstporträt vor Buchentleihe

UB Heidelberg, heißer Julitag

Aus den erstaunlich vollen Regalen
nehme ich heraus: Kaubes *Anfänge*,
Valérys *Da Vinci*, Hellers *Auferstehung
des jüdischen Jesus*.

Vor der Entleihe ein seltener Augenblick
von Klarheit und Einverständnis. Wer
auch immer mich hierhin gestellt und wozu:
Ich bin vergnügt und ohne Furcht.

Und es ist Sommer.

Das Vollkornbrot verdiene ich in der
Provinz, exotisch mein Fach (wecke
die Neugier!), der Geist aber weht,
wo man ihn fängt. Humor ist ein Engel.

Eine Studentin, vielfach verkabelt, legt
ihr Buch auf die Theke: *Grundzüge der
Spieltheorie*. Dass alles ein Spiel ist, weiß
sie es schon? Und der Prüfer, weiß er es?

Die Schulstunde ein Spiel, das Gespräch mit
Vorgesetzten, das Abendmahl im Restaurant.
Ein Gedicht auch. Nur abends, wenn wir die
Kleidung abstreifen, das schlüpfrige Ich.

Drei Bücher werden gescannt, vier Wochen
ehrwürdige Gäste. Kluge Anmerkungen zur
Welt, die uns zu selten taumeln lässt.
Das ist das Mystische: Daß sie ist.

Für jetzt ist es gut.
Keine Schlachten, kein Mount Everest.
Inspirationen nur, eine Liebe, Espresso.
Die Welt ist groß.

Hinter jedem Staubkorn
(Der Küster spricht)

Als Kind wollte ich am Altar stehen,
die Wandlungsworte sprechen,
die Hostien mehren und verteilen.

Refugien meiner schon zerkratzten Seele:
feierlicher Einzug, flüsternde Gewänder,
Maria durch den Dornwald ging.

Dazu würziger Weihrauch.

Sonntags würde ich mich einladen lassen,
reihum – wie unser gertenschlanker Pfarrer,
der die besten Witze kannte.

*Erst als mein Mitbruder über das sechste Gebot
predigte, fiel ihm endlich ein, wo er das Fahrrad
stehengelassen hatte.*

Zeit der Unruhe, Rebellion, komplexe Materien.
Chemiker bin ich geworden, Ehemann, Vater.
Gottgefällig auch das.

Nichts aber mächtiger als die erste Liebe.
Größer die Träume und die Illusionen,
die Freuden größer, Pläne und Versprechen.

So kehre ich zurück, die Kinder aus dem Haus,
zu meinen Anfangsliturgien. Als Küster jetzt,
als Messner, der hüten soll das Heilige.

Nicht ungefährlich euer Dienst, belehrte
der Dozent. So nah am Zentrum, doch
alles im Profil – die Sicht des Sakristans.

Ihr seht die Runzeln und den Schweiß,
den Pfarrer, der verschlafen hat,
die blanken Rücken von Bildern und Altären.

Da hilft nur eines: ein großes Herz!
Das sieht die Schönheit hinter jedem
Staubkorn, glättet manche Runzel.

Prüfung bestanden. Jetzt richte ich die
Messgewänder, zähle die Kollekte,
achte auf Glanz und auf das Ewige Licht.

Das brennt nicht ewig, nur drei Tage,
solange wie der Herr im Grabe, wie
Jona im Bauch des großen Fisches.

Vor Sturm die Stille. Vor Ostern
stets Karsamstag. Die Zeit der Küster,
die prüfen, richten auf die Dochte

und manchmal auch die Seelen.

Der Hüter

> Was, wenn Marek Edelman nach seinem Tod
> dem Herrgott begegnete?
> *Hanna Krall*

Ich habe überlebt, kein *um*.
Später reparierte ich Herzen,
hütete Gräber.

Zu sein der Hüter
meiner Brüder (und Schwestern!),
das steht uns an.

Mir blieben nur Gräber.
Niemand sollte auf sie spucken.
Ewiger Kampf.

Fragte jemand nach dem Menschen,
dem Ebenbild,
sagte ich:

Wächter in Treblinka,
Sniper in Sarajevo
kann jeder sein.

Nein, Metaphysiker war ich nie.
Meine Heimat – sechs Jahre des Krieges.
Wüsste nicht, wo sonst.

Wohnte bei denen, die nicht überlebten,
den Lebenden schaute ich ins Herz.
To wszystko, c'est tout.

Die Zukunft?
Menschen glauben an hohe Zäune,
nur die Hungerleider nicht.

Dann schwiegen sie gemeinsam,
tranken zwei Tassen Tee,
schwarz und stark.

Keiner bestand auf Formalien,
einem Lächeln,
hebräischen Buchstaben.

Der Homiletiker geht in Pension

Die Feier macht ihn müde,
aber der Kardinal bleibt sitzen.
22.51 Uhr, stellt er verblüfft fest,
die Lobeshymnen lang verklungen.

Anekdoten sind jetzt gefragt,
Pastoralgeflüster, die Aura eines
Mächtigen, Rotweine von Jean Stodden.
Ein Kellner gähnt, unruhig der Sekretär.

Der Kardinal muss morgen früh nach Fulda.

Auf dem kurzen Weg nach Hause spürt
er den kräftigen Händedruck und den
Schatten des Domes. Von nun an
Bücher, Aushilfen, lange Gebete.

Wird es genug sein?

Nur klage niemals! sagte der Vater vor
der Priesterweihe. Auch ein Ehemann
kennt den Verzicht. Mein Gott, Sätze
für die Steintafeln! Mose ohne Hörner.

Die Studenten werden ihm fehlen.
Das alte Jahrtausend knapp berührt,
im eisernen Griff der Smartphones,
von den ewigen Fragen gepackt.

Ha-shvatim.

Für sie änderte er seine Zehn Gebote.
Wie sollte er sagen: *Bevor ihr Tatort schaut,
blickt schon mal in die Texte vom kommenden
Sonntag!* – wenn sie Tatort nicht kennen?

Bei den Gedichten blieb er hartnäckig:
Lest Benn und Brecht, Krüger, R. S. Thomas!
Das schärft Sprache, Gehör, Verstand.
Unterschätzt niemals eure Gemeinde!

Der Homiletiker geht in Pension.
Siebenundvierzig Semester hat er gezählt,
ewiges Feilen an Satz und Aussprache.
Alles, was gelingen soll, bedarf der Gnade.

Siebzehn Jahre hätte er, folgte er seinem
Vater. Eine WG vielleicht, ein Halbtagsjob?
Das Ende muss glänzen, bündeln, verblüffen,
das Ende hallt nach (sagte er den Studenten).

Mitternacht. Die Domuhr zählt exakt.
Morgen früh wird er ausschlafen,
nach der Zeitung greifen (wer weiß!).
Er lächelt.

Zölibat

> It's a long way to Tipperary
> *Johannes Paul II.*

Nach zwei Jahren lud mich der Küster,
Rumäniendeutscher, zum Abendbrot ein.
Wenn Sie mal einsam sind, Herr Kaplan.

Er sprach unaufgeregt, mit einem weichen
Akzent, und war der Erste, der so weit dachte.
Sonntags schlossen wir gemeinsam die Kirche ab.

Sie mögen doch Vegetarisches, wusste die Hausfrau,
eine heitere Person, die am liebsten von ihren
Zwillingen erzählte und von Eginald Schlattner.

Der König der schönen Titel.

Es gab vielerlei Gemüse, ein wenig Fisch
und einen ordentlichen rumänischen Roten.
Weißen kennt man bei uns nicht!

Denkwürdig jenes *bei uns*,
nicht nur der Siebenbürger.
Landschaften ihrer Seelen.

Der Abend glänzte durch Normalität.
Familie ist, wenn man nichts erklären muss.
Verlässlichkeit vor Glanz.

Meine Familie ist die Gemeinde.
Communio sanctorum, die glühenden
Gottsucher, Narren um Christi willen.

Mild und gewaltig der Ruf des Evangeliums.

Ich suche die Schriften ab, Himmel und Erde,
bewahre die Hoffnung auf ein starkes Ende.
Eine Frau habe ich nicht – zum Zeichen.

Das passt, sage ich, kurz ist die Zeit hienieden.

Nur manchmal, wenn ich predige über die
vielfach verwitwete Frau, über himmlische
Wohnungen und die nie endende Liebe.

Nur manchmal, wenn die Christmette zu Ende,
die theatralische Sitzung mit Aufgeblasenen,
wenn es früh dunkel wird und kalt.

Sehe ich mich auch *dort* allein in einer Ecke,
wie ich Ausschau halte nach dem Küster,
seiner Frau und den Zwillingen.

Letzter Dorfkaplan liest Gottfried Benn

Wenn es mehr tiefe u. erlebnisfähige Pfarrer gäbe,
wäre die Kirche überhaupt keine schlechte Sache.
Gottfried Benn

Der Anfang formte das Elend.
Viertes Kapitel, miese Ernte,
da wütet Kain und mordet.
Im Morgue jetzt Hochbetrieb.

Point de départ für Pfarrersöhne,
die Ärzte wurden und Dichter,
zu töten die potenten Väter.
Der Schöpfung Krone?

Ich weiß, wie Huren und Madonnen riechen

Der letzte Dorfkaplan (das Netz zerrissen)
liest Benn seit Schülertagen. Er wühlt
mit ihm in stinkenden Gedärmen,
besucht mit ihm die Krebsbaracke.

Wem was misslungen? Dem Schöpfer,
der Kain und Abel schuf, die miese Ernte?
Dem Ebenbild, der das zerstört,
was er nicht mag, versteht und neidet?

Gefragt, gehöhnt, gedichtet. Und doch:
Kein Sohn verlässt das Pfarrhaus ganz.
Wer alles sah, was blutet, trieft und wabert,
wird abends bei zwei Hellen melancholisch.

Zerstörungen –
das sagt immerhin: hier war einmal
Masse, Gebautes, Festgefügtes.

Nein, kein Trost, nur Worte und ein
bisschen Heimweh. Nein, kein Gott,
nur die getroffen, die in Hinterhöfen
hausen und die Haltung wahren.

Menschen, die nicht drängeln, fluchen,
schlagen, die dir Türen öffnen und
willkommen sagen. Die Sanften also,
die dem Guten ihr Gesicht verleihen.

Der Sohn des frommen Pfarrers,
dem er das Schwengeln nie verzieh,
er sieht die reine Stirn, die Sanftheit
und weiß, der Zorn, er geht nicht auf.

Der letzte Dorfkaplan liest Gottfried Benn
seit Schülertagen. Den Magier Benn, den
Lieblingsarzt der Huren. Denn groß das
Dunkel und das Wort – und die Erlösung.

Die Seelen der Seelsorger

Was sie wohl denken mögen, meine Mitbrüder,
die mich jetzt anschauen, so feist und so rund,
ein Fässchen, ja, aber behende und mit wachem
Blick für ihre kalte Not.

Ein offenes Ohr auch nach Mitternacht,
das Urteilen längst abgewöhnt, den Segen
spreche ich ihnen zu, Gottes gutes Wort,
damit sie wieder blühen.

Die Seelen der Seelsorger.

Für die Gemeinde hat es nicht gereicht,
sage ich, um das Eis zu brechen, dann bin
ich halt für euch da! Sie schauen sich um,
lächeln, öffnen Herz und Sinn.

Nicht spektakulär, was an ihnen nagt:
Bitternis, Zweifel, ewiges Gehetze.
Ob man sie noch braucht? Ob sie
jetzt Folklore sind und bald Belästigung?

Sie erzählen mir ihre Geschichten,
und wenn sie beichten möchten,
spreche ich sie los im Namen
des barmherzigen Gottes.

Sanfter kehren sie zurück ins Pfarrhaus.

Dann lausche ich meinem Heiland am Kreuz,
tanze vor ihm ein paar Pirouetten (leichtfüßiger
Bär!). *Ballett-Tänzer,* wusste die Abizeitung,
Patrick wird uns davonschweben!

Damals, als alles leicht war.

Jetzt trotze ich der Schwerkraft mit Worten,
trage die Ängstlichen über die Furt,
fange die Mitbrüder auf, wenn ihnen
der Glaubensatem stockt.

So starke Schultern? So tief der Glaube?
Manchmal wundere ich mich selbst,
wie groß das Leben. Und dann bete ich
für die zarten Seelen der Seelsorger.

Paare, Passanten

>Jesuitenkirche Heidelberg, 29. Juni

Petrus und Paulus. Alphatiere.
Zusammen sich gegenüber.
Der Fürst weiß, wer dazugehört,
der Weltapostel stottert Unsagbares.

Ambrosius und Augustinus. Meistergilde.
Vermessen Gott, Zeit, das unruhige Herz.
Am Strand reicht ein Kind dem Afrikaner
eine Muschel – und lacht dabei.

Hubertus und Juliana. Mythenverbund.
Nichts mächtiger als eine gute *story*.
Der wilde Jäger isst jetzt Blattsalate,
die Jungfrau zeigt die Löwenkrallen.

Nur Antonius allein, dafür strahlend,
im Arm das göttliche Kind. Er hat's
gefunden! Und überhaupt: Du predigst
toten Fischen, wenn niemand *Ihn* vermisst.

In der ersten Bank der Mann schwer
tätowiert, die Frau trägt ein Kind aus.
Göttliches Paar! Weihnachten, flüstert
mein Herz, ist nicht nur im Dezember.

Zwischen allen Bänken der Bettler
mit seiner miserablen Geschichte.
Sorgsam späht er nach Zuhörern,
die Münzen verschenken statt Rosen.

Das Leben ist jetzt (wie leicht sich das
sagt!). Ich rufe an den Heiligen Geist,
halte den Rücken gerade, bete für die
Riesen und die Zwerge, die wir alle sind.

Lyrisches Ich

Kürzlich hörte ich wieder
vom *Lyrischen Ich*.
Zugegeben, so genau
wusste ich nicht mehr,
was es bedeutet.

Früher, in der Schule
– nicht lyrisch die Jahre –,
da lernte ich es gewiss.
Doch seitdem viel Leben
an der Oder und am Rhein,
an der trägen Weichsel
und der schönen Havel,
am Pregel (Kants sieben
Brücken, umtost und schwer,
parlieren nur noch russisch).

Jetzt also wieder:
Lyrisches Ich.
So reich die Verse, von Blake
verfertigt und Brecht, so rasch
gezählt die Leser! 1354 ist mehr
als ein Pestjahr. Doch nur wer
wagt, gewinnt. Wer zittert vor
Kühnheit, wer emsig studiert
die Kniffe der großen Schmiede.

Ich hörte, dass sich die Schüler
schwertun mit jenem Ich, und
immergrün die Frage nach Autor
vor und dahinter. Dabei ist alles
erdichtet und alles der Dichter
selbst. So weit, so gut, lasst uns
ein paar Verse memorieren.

Lyrisches Ich.

In den Wüsten der Städte und Seelen
ein Mönch sein. Nicht alles mitnehmen,
Nachsicht üben (mit den Schwachen),
die verrinnende Zeit mit Gebeten heiligen,
Davids Lieder singen und prüfen das Wort,
das nicht weniger wird dem, der es teilt.

Stachel im Fleisch

> Gemäldegalerie Stuttgart
> Paulus im Gefängnis (1627)

Von den Späteren kam Paulus
niemand mehr so nahe. Dabei
war Rembrandt, man kann es lesen,
kaum zwanzig, als er die Zelle
mit dem alten Mann erschuf.

Er vergaß das Schwert nicht,
noch weniger die Müdigkeit
in den Knochen des Apostels.
Alles gab er auf *um Christi willen*.
Hat es sich gelohnt?

Sechzehntausend Kilometer
addieren später die Gelehrten,
er selbst verschweigt nicht
die gesammelten Schläge,
Schiffbrüche, Stottereien.

Doch das sind Provinzen,
Leiden für Anfänger. Wer
rechnet nach, wenn er gerufen
und geblendet, wenn alle Zeit
gerichtet: Messianische Zeit!

Wer zählt durch, wenn sich
Gottes Stärke in der Schwäche
zeigt? So wird das Kreuz Christi nicht
entleert. Wer aber zu stehen meint,
gebe Acht, dass er nicht fällt.

Sein Antlitz lässt nicht los

Ist es nur das nächste Wort,
das verheert und bedrängt,
das sich nicht löst zu bestärken
die unverständigen Galater?
Oder wieder der Stachel?

Trigeminusneuralgie – meint
der Neurologe, von rastlosen
Bibelforschern befragt. Könnte
erklären das Stechen, die Fäuste,
die Ohrfeigen.

Ich schaue auf sein Antlitz
(es ist August, und wie dem
müßigen Wärter bei den Alten
Meistern zerfließt mir die Zeit),
sehe den Stachel, verkapselt.

Damit ich mich nicht überhebe –
bescheidet Paulus. Er hadert nicht
länger wie Hiob, will sich nicht mehr
schämen. Wer kann schon heraus
aus seiner geäderten Haut?

Zeltmacher erst, dann Schriften studiert
bei dem milden Gamaliel. Apostel Jesu
Christi, Briefeschreiber. *Hier mein,
des Paulus, eigenhändiger Gruß.*
Seit wann reist der Stachel mit?

Curiositas, unnütze Fragen.
Der Seele Heil soll dich kümmern,
im August ganz besonders, wenn
das Helle unmerklich dem Dunklen
weicht. Zerbrechlich der Schatz.

Verhökern den Glanz

Manuskripte brennen nicht.
Michail Bulgakow

Bücherkiste vor der Bibliothek:
Bitte zugreifen!
Ein Füllhorn, das nie versiegt,
es fehlen wohl die Erben.

Die Studentin, engelsgleich,
schiebt achtlos zur Seite
Bulgakows Wunderwerk,
die Bilder von Hans Fronius.

Nehmen Sie's mit! stottere ich,
feinste Groteske, Weltliteratur,
die Passion Jesu, Schweiß und
Rosenöl, gibt es noch obendrauf.

Argloser Blick, wie vor dem Fall.
Oje, Margarita – ich dachte an eine Pizza!
Sie blättert rasch, pure Höflichkeit,
und fliegt dann fort.

So darf man sein, ja. Nichts wird
ihr fehlen, schon gar nicht Stalins
Moskau, Mittelmaß und Wahn, statt
Cola Zero Aprikosenbrause, warm.

Und dennoch möchte ich mich
vor die Kiste stellen, unverdrossen
wie Jehovas Zeugen, heiterer nur,
und verhökern den Glanz.

Hinweise

Im Zeitalter des weltumspannenden „Netzes" lassen sich unbekannte Begriffe und Zusammenhänge rasch klären. Im Folgenden deshalb nur solche Hinweise, die dem Autor besonders am Herzen liegen.

Das Leitmotiv des Bandes: Elizabeth Barrett Browning: Aurora Leigh VII, Verse 821–826. In: The Works of Elisabeth Barret Browning, Volume 3. London 2010, hier S. 200.

Großer Cappuccino: Ks. Twardowski = Pfarrer Jan Twardowski (1915–2006), polnischer Priester und Poet. Seine zahlreichen Werke erreichten in Polen eine Millionenauflage. Jacek Cygan (geb. 1950) ist in Polen höchst erfolgreich als Texter von „Schlagern", zugleich ist er ein passionierter Frankreich-Reisender und Dichter.

Der alte Priester wartet auf Pönitenten: *Non serviam* = Eine „luziferische" Phrase, die eine endgültige Absage an das Göttliche bezeichnen soll.

Franziskaner im Bankenviertel: Die letzte Strophe bezieht sich auf die Emmaus-Erzählung des Lukasevangeliums (24,13–35), zugleich auf eine Formulierung des Jesuiten und Gelehrten Michel de Certeau (1925–1986). Vgl. ders.: Der Fremde oder Einheit in Verschiedenheit (hg. von Andreas Falkner), Stuttgart 2018, hier S. 10 f.

Pius XII., später: *Akeldamach* = „Blutacker". Vgl. Matthäus 27,3–8. *Madre* = Schwester Pascalina Lehnert (1894–1983), Haushälterin und Vertraute des Papstes. *Suora Edith* = Edith Stein (1891–1942), Philosophin und Karmelitin jüdischer Herkunft. Sie starb in Auschwitz. 1998 wurde sie heiliggesprochen.

Der Kardinal schläft: Das Gedicht ist eine winzige Variation der „Großen Elegie an John Donne" von Joseph Brodsky (1963).

Die letzte Messe in der Hagia Sophia: Eingangszitat aus: Steven Runciman: Die Eroberung von Konstantinopel 1453. München 1969, hier S. 137. Bei einer akribischen Betrachtung fand die (vorläufig) letzte orthodoxe *Göttliche Liturgie* in der Hagia Sophia am 19. Januar 1919 statt. Vgl. http://orthochristian.com/79952.html (abgerufen am 2. Dezember 2019).

Pater Kyrill in Wacken: Das Eingangszitat entstammt dem Brief des Ignatius von Antiochien (2. Jh. n. Chr.) an die Gemeinde in Ephesus. *Ecclesia supplet* = Kirchenrechtlicher Grundsatz der röm.-kath. Tradition, dem gemäß „die Kirche" einen objektiven Mangel „heilen" und ausgleichen kann – Gnade vor Recht. *Detmold* bezieht sich hier auf den legendären Ausspruch von Christian Dietrich Grabbe (1801–1836): „Einmal auf der Welt und dann ausgerechnet als Klempner in Detmold." „What Am I Doing Here", so lautet der Titel einer Essaysammlung von Bruce Chatwin (1940–1989).

Heidelberger Epiphanien: „A Marginal Jew" ist der Titel eines epochalen, mehrbändigen Werkes des Exegeten John P. Meier (geb. 1942), das die kritische Jesus-Forschung zusammenfasst und weiterführt.

Regen in Krakau: *UJ* = Uniwersytet Jagielloński, Krakaus bedeutende, 1364 gegründete Jagielonnen-Universität. *Ul. Wiślna 12* = die Adresse der renommierten Wochenzeitung „Tygodnik Powszechny", die in Krakau erscheint.

Letzter Dorfkaplan liest „Tiere essen": Eingangszitat aus Jonathan Safran Foer: Tiere essen. Köln 2011, hier S. 76.

Beweise: Eingangszitat aus Franz Grillparzer: Jugenderinnerungen im Grünen. In: Sämtliche Werke Bd. 1. München (2. Auflage) 1969, hier S. 225. „Vielleicht ist es aber wahr!" – so ruft in einer der von Martin Buber gesammelten „Erzählungen der Chassidim" ein frommer Lehrer einem vorwitzigen „Aufklärer" zu.

Pius XI.: Semiten: Das Gedicht greift Gedanken aus einer Ansprache des Papstes vor Pilgern am 6. September 1938 auf. Die Ansprache ist nicht genau überliefert. Vgl. David I. Kertzer: Die Päpste gegen die Juden. Der Vatikan und die Entstehung des modernen Antisemitismus. Berlin/München 2001, hier S. 371 f.

Warschau, Siegesplatz, 2. Juni 1979: Eingangszitat aus George Weigel: Zeuge der Hoffnung. Paderborn 2011, hier S. 306. Das Gedicht bezieht sich auf die Predigt, die Johannes Paul II. an diesem Tag hielt.

Warschau, Siegesplatz, 2. Juni 1979, zuvor: Das Gedicht gibt bruchstückhaft das Gespräch wieder, das der damalige polnische Partei- und Regierungschef Edward Gierek und Leonid Breschnew miteinander führten. Nach Janusz Rolicki/Edward Gierek: Przerwana dekada. Warszawa 1990, hier S. 198 f.

Die Übersetzer (nach Patrick Roth): Vgl. hierzu Patrick Roth: Simsons Quell. Vom Übersetzen heiliger Bilder. In: Internationale Katholische Zeitschrift „Communio" 46(2017), S. 631–637.

Nachtportier: „Schauspiel des Logos, vor Menschen und vor Engeln." Vgl. 1 Korinther 4,9. „Wächter, wie tief ist die Nacht?" Vgl. Jesaja 21,11.

Hunde des Himmels: Das Eingangszitat aus Thomas Söding: „Hunde, wollt ihr ewig leben?" Eine Diskussion über Jesus und die Kyniker. In: Internationale Katholische Zeitschrift „Communio" 43(2014), S. 292–299, hier S. 297. Die letzten Verse greifen die Schlusswendung aus Albert Schweitzers „Geschichte der Leben-Jesu-Forschung" (1906) auf.

Die Seele des Thomas Morus: Das Gedicht verwendet Aussagen aus Briefen von Thomas Morus. Vgl. ders.: Lebenszeugnis in Briefen. Heidelberg (2. Auflage) 1984.

Die Farben des Glaubens (Kleine Auswahl nach Jerzy Szymik): Das Gedicht baut auf lyrischen Motiven des Priesters, Theologen und Poeten Jerzy Szymik (geb. 1953) auf. Bei „Lublin" ist insbesondere an die KUL zu denken, die Katholische Universität Lublin, die auch in den sozialistischen Jahrzehnten den – im „Ostblock" einzigartigen – Status einer nicht-staatlichen Universität bewahren konnte. Von Jerzy Szymik liegt eine polnisch-deutsche Gedichtauswahl vor: Chwila widzenia/Augenblick des Sehens. Darmstadt 2008.

Was hilft? Das Gedicht nimmt Motive aus Werken des großen walisischen Dichters auf. Zahlreiche zweisprachige Gedichtbände von R. S. Thomas sind im Babel Verlag (Denklingen) erschienen.

Kölner Domherr (Monolog im August): *Der alte Kardinal* = Kardinal Joachim Meisner, 1989–2014 Erzbischof von Köln. „Hohe Straße" – Der Straßenname wird traditionellerweise nicht gebeugt.

Reise nach Jerusalem: Nach Motiven aus 1 Könige 19.

Der Hüter: Eingangszitat aus Gazeta Wyborcza (Warschau), Gespräch mit Hanna Krall vom 26.01.2019 (eigene Übersetzung).

Der Homiletiker geht in Pension: *Ha-shvatim* = Die „verlorenen Stämme" Israels. Vgl. 2 Könige 17,6.23.

Zölibat: Auf die Frage nach der Möglichkeit einer Priesterweihe für Frauen antwortete Papst Johannes Paul II. anlässlich seiner Pastoralreise in die USA (1981) mit diesem berühmten Liedtitel.

Letzter Dorfkaplan liest Gottfried Benn: Eingangszitat aus: Gottfried Benn: Briefe an F. W. Oelze 1932–1945. Stuttgart 1977, hier S. 146. Weitere Zitate und Anspielungen u.a. aus Benns Gedichten „Der Arzt" und „Zerstörungen".

Lyrisches Ich: *1354* bezieht sich hier auf die sog. „Enzensbergersche Konstante". Nach Hans Magnus Enzensberger liege die Zahl der Leser, die einen neuen, eher anspruchsvollen Gedichtband in die Hand nehmen, bei ±1354.

Verhökern den Glanz: Eingangszitat aus Michail Bulgakow: Meister und Margarita. Aus dem Russischen übertragen und kommentiert von Alexander Nitzberg. Berlin 2012, hier S. 376.

Dank

- Diese Sammlung ist – wie schon mein Wanderbericht „Wo bitte geht's nach Königsberg?" – zum großen Teil in der Bibliothek der evangelischen Theologen in Heidelberg entstanden. Die angenehme Atmosphäre und der Schlossblick inspirieren!
- Die Entstehung der Gedichte ist von vielen lieben Menschen begleitet worden. Kai Müller, dem Freund und Kollegen, danke ich für die stets anregenden Gespräche zwischen Beethoven und Quantenphysik. Norbert Schwab begleitet mein Schreiben im besten Sinne des Wortes kritisch seit drei Jahrzehnten. Großen Dank dafür! Beate danke ich – auch – dafür, dass sie meine „Samstage in der Bibliothek" großzügig zulässt. Meinem Bruder Peter danke ich für die originellen Anmerkungen und Ermunterungen, meinem Cousin Johannes Kosian (Matunda / Kenia) für die spontanen Zurufe aus dem Süden!
- Wertvolle Anregungen und Kritiken erhielt ich zudem von Prof. Marek Jakubów (Lublin), Hans-Josef Kehr, Michael Rumpf, Joachim Starck und Stefan Vollmer.
- Herzlichen Dank an Thomas Schmitz für die Kontaktaufnahme mit dem Verlag Echter und für die gelassenen Korrekturen eines Erfahrenen!
- Dass eventuelle Missgriffe allein dem Autor zuzuschreiben sind, ist selbstverständlich.

- Der Erzbischof Hermann Stiftung (Freiburg) bin ich dankbar für die großzügige Unterstützung der Drucklegung.
- Widmen möchte ich den Band meinen Östringer Schülerinnen und Schülern, mit denen ich lebbare Antworten auf die Herausforderungen unserer Existenz suche.

Klimaneutral Druckprodukt
ClimatePartner.com/12514-2007-1006

Der Umwelt zuliebe verzichten wir bei unseren Büchern auf Folienverpackung.

Bibliografische Information der Deutschen Nationalbibliothek

Die Deutsche Nationalbibliothek verzeichnet diese Publikation in der Deutschen Nationalbibliografie; detaillierte bibliografische Daten sind im Internet über http://dnb.d-nb.de abrufbar.

© 2020 Echter Verlag GmbH, Würzburg
www.echter.de

Gestaltung: Crossmediabureau, Gerolzhofen
Druck und Bindung: Friedrich Pustet, Regensburg

ISBN 978-3-429-05555-4